Devocional de Vivencias

ISBN: 9798361989829
Imprint: Independently published

Dedicatoria

Este devocional se lo dedico a mi Dios, mi Amigo, mi Padre… el que me ha cuidado en todo momento y me ha permitido compartir estos escritos para que sean de bendición a otros.

A mi hija para que cuando sea mayor, pueda tener este devocional y sea de bendición a su vida.

Agradecimiento

Primero que todo le agradezco al que orquestó todo esto antes de yo tener conocimiento: ese es el Señor. Él fue quien me dio el diseño completo de lo que es este proyecto "**A flor de mujer**".

A cada persona que Dios puso en mi camino para complementar cada detalle, el diseño, las fotos, las mentorías de apoyo y edición, todo fue complementándose de una manera que solo Dios puede hacer.

A mi grupo de apoyo "A solas con Él", un grupo de mujeres guerreras que diariamente nos reunimos para interceder y reflexionar en la Palabra del Señor. Gracias por sus oraciones en favor de este proyecto. ¡Gracias, gracias!

Introducción

¿Qué es eso que llevas por dentro y anhelas hacer?

¿Qué buscas entregarle al Señor porque ya tus fuerzas no te dan?

Al pasar de los años he podido entender que solo Dios es nuestra respuesta, Él ha sido mi respuesta y quiere ser la tuya también.

Muchos de los pasajes bíblicos nos llevan a entender lo que Dios nos quiere decir a través de las vivencias de otros. Estas vivencias nos ayudan a ver cómo otros han podido sobrellevar o sobrepasar situaciones similares a las nuestras. Es mi deseo que tu travesía en este devocional te ayude a ver las situaciones de una manera más real, y que puedas encontrar la guía del Espíritu Santo para reflexionar en tus propias situaciones.

Escribir es como meditar, nos ayuda a entender, a escudriñar algo que recibimos para el bien de cualquier necesidad que tengas.

Habacuc 2:2 – *"Y Jehová me respondió, y dijo: Escribe la visión, y declárala en tablas, para que corra el que leyere en ella".*

Esto es parte del propósito de este devocional que sirva de tabla para que en la circunstancia donde estés puedas desahogarte y que al pasar del tiempo este escrito sea de bendición nuevamente a tu vida, mirando desde el otro lado donde Dios te lleve.

Quiero que practiques estos 4 puntos con cada lectura.
1. **Lee**
2. **Medita**
3. **Reflexiona**
4. **Acciona**

Eres la única que puede tomar la decisión, permite que el Señor guíe tus pasos.

¿Estás lista?

Promesa conmigo misma

Hoy yo _____ decido comenzar un rumbo diferente, prometo caminar en confianza de la mano del Señor.

Firma: _____

Fecha: _____

NOTA: Para sacar el mejor provecho de esta jornada te recomiendo utilizar los espacios provistos para escribir, allí podrás plasmar tus reflexiones y próximos pasos.

Recuerda: Sé intencionada en tus compromisos y en tus acciones.

No podemos ganar las bendiciones de Dios, las recibimos confiando en su amor y su gracia hacia nosotros.

No podemos ganar las bendiciones del Señor, las recibimos por creer en su amor y confiar en su gracia hacia nosotros.

No podemos dar de lo que no hemos recibido.
No podemos dar si no estamos llenos.
Es simple: nunca podrás beber agua de un jarrón vacío.

Llénate de la paz, amor y poder del Señor.
¡Amén!

Vivimos por fe, no por vista.
2 Corintios 5:7 NTV

_____
_____
_____
_____
_____
_____
_____
_____
_____
_____
_____
_____
_____
_____
_____
_____
_____
_____
_____
_____
_____

Te fortaleceré y te ayudaré

Mira que te mando que te esfuerces y seas valiente. Yo te sostendré con la diestra de mi mano, no te abandonaré, ni te desampararé.

¿Qué has sentido hacer por tanto tiempo y no lo has hecho? ¡HAZLO! ¿Qué te detiene? No permitas que pensamientos limitantes o el afán del día a día, te desvíe de completar tus sueños, tus anhelos. Comienza con poco, con lo que tienes, a tu paso y a tu tiempo, pero no te detengas, preséntale eso al Señor y Él hará por ti para que, si es su voluntad para tu vida, si es de bien para ti se cumpla en el nombre de Jesús.

Cuando le entregas todo al Señor haces espacio, liberas y sueltas tus miedos, inseguridades y limitaciones para que Dios comience a obrar en tu vida. ¿Le haces espacio a Dios en tu vida para que obre en ti hoy? Cuando liberas lo que tienes recibes lo que te hace falta.
¡Amén!

Así que no temas, porque yo estoy contigo; no te angusties, porque yo soy tu Dios. Te fortaleceré y te ayudaré; te sostendré con mi diestra victoriosa
Isaías 41:10 NVI

Tengo planes para bien y no para mal, escucha la voz de tu Dios que te guía.

El conocimiento es poder. No mires a los lados, enfócate en lo que tú sabes que tienes que hacer, no por fama, ni fortuna, es tu deber.

Haz tiempo para mí - dice el Señor - tiempo intencional. Organízate y lleva tu encomienda. Yo pago mejor.

El Señor es tu fortaleza, así que olvida todo y continúa hacia la meta.

No dejes que nada robe tu esencia. Honra al Señor con todo lo que tienes. Él te ha dado tesoros que están dentro de ti. ¡Compártelos!

Así que acerquémonos con toda confianza al trono de la gracia de nuestro Dios. Allí recibiremos su misericordia y encontraremos la gracia que nos ayudará cuando más la necesitemos.
Hebreos 4:16 NTV

_____

_____

_____

_____

_____

_____

_____

_____

_____

_____

_____

_____

_____

_____

_____

_____

_____

_____

_____

_____

Declara

Declara que ya tienes eso que necesitas.
Declara que sales adelante.
Declara tu sanidad.
Declara que tu familia está sana
Declara que tu matrimonio está en las manos del Señor.
Declara que tus hijos son de y para Cristo.

Cualquiera que sea tu necesidad tienes que activar la fe y ver tu milagro hecho.

Va más allá de orar o pedir oración, tu milagro se activa cuando confías en que el Señor lo hará.

Envió su palabra para sanarlos, y así los rescató del sepulcro.
Salmos 107:20 NVI

Stop / Pausa

Si Dios te ha traído hasta aquí, ¿cuál es tu necesidad hoy? No descuides lo más importante en tu vida.

Llama las cosas como si ya fueron hechas (como que ya son). No tienes que esperar hasta tener todo listo para hablar o actuar sobre eso que deseas. Comienza desde donde estés y con lo que tengas. No te dejes llevar por la corriente. Comienza tu propio movimiento.

Impacta a otros. Haz lo que amas, lo que te gusta hacer. Trabaja en ti, edúcate, consigue la información que necesitas, invierte en ti. Desarrolla tu conocimiento y ponlo en práctica. No pienses en tu edad (sea cual sea) atrévete a hacer eso que te apasiona.

Busca sentirte bien contigo misma. Permite que el Señor obre en ti y puedas hacer lo que Él te ha llamado a hacer. Actualiza tus conocimientos.

No hagas caso de lo que dirán, ni los estereotipos, no pienses en los demás cuando se trata de cumplir tu propósito. Para de complacer a los demás y, por favor, piensa en ti. Quiero que sepas que todo comienza por ti.

Si tú no estás bien, tu medio ambiente es muy probable que tampoco lo esté.

Por nada estéis afanosos, sino sean conocidas vuestras peticiones delante de Dios en toda oración y ruego, con acción de gracias.
Filipenses 4:6 RVR1960

Comparte el amor de Dios
que está en ti

Tienes que tener compromiso con lo que sea que hagas o vayas a hacer.

Dios te ha dado el poder para vencer, dominio propio para accionar y su fuerza para salir adelante.

Activa hoy todos tus dones y sal a brillar. Camina confiada y en victoria.

¡SIGUE ADELANTE!

Todo lo puedo en Cristo que me fortalece.
Filipenses 4:13 RVR1960

_____
_____
_____
_____
_____
_____
_____
_____
_____
_____
_____
_____
_____
_____
_____
_____
_____
_____
_____
_____

En lo profundo lo encontrarás

Dentro de ti están todas las posibilidades.

Dentro de ti está la llave que desata todo lo que Dios ha puesto en ti.

Tú eres más que capaz, más que valiente; tienes todo lo necesario para triunfar y lograr eso que te propones.

Acércate más a Dios y permite que su Espíritu Santo aclare tu mente y te lleve a cumplir el propósito que Dios ha puesto en ti.

Pon tu confianza en Dios y todos tus caminos serán prosperados.

Confía en el SEÑOR y haz el bien; establécete en la tierra y mantente fiel. Deléitate en el SEÑOR, y él te concederá los deseos de tu corazón.
Salmos 37:3-5 NTV

_____

_____

_____

_____

_____

_____

_____

_____

_____

_____

_____

_____

_____

_____

_____

_____

_____

_____

_____

_____

Espera y recobra tus fuerzas

Espera en Dios porque los que esperan en Dios tendrán nuevas fuerzas. Hay un beneficio por esperar en Dios.

Dios espera que tú acudas a Él y que le dejes saber que lo necesitas, búscale y disfruta de: fortaleza, sabiduría, creatividad... todas nuestras necesidades son suplidas por Él.

Yo soy la vid y ustedes son las ramas. El que permanece en mí, como yo en él, dará mucho fruto; separados de mí no pueden ustedes hacer nada.
(Juan 15:5 NVI)

Saca un tiempo temprano en la mañana y encomienda tu día a Él, déjale saber que lo necesitas, hazle saber tu sentir, tu necesidad y permítele que te consuele y te guie a eso que necesitas.

No es con tus fuerzas sino con las fuerzas de Dios, deposita toda tu confianza en Él. El Señor espera que lo busques, porque de Él viene nuestra salvación.

Todos los que el Padre me da vendrán a mí; y al que a mí viene, no lo rechazo.
Juan 6:37 RVR1960

_____
_____
_____
_____
_____
_____
_____
_____
_____
_____
_____
_____
_____
_____
_____
_____
_____
_____

Lo que aún no puedo ver

Gracias por la paz que pones en mí para que pueda ver mejor las cosas y saber cuál es el rumbo a seguir, donde he podido ver puertas abiertas.

Dejo detrás de mí lo que no es y camino a lo próximo que tienes para mí. Aquí estoy Señor para hacer tu voluntad, lléname de tu Espíritu Santo, dame tu Palabra, tu fuerza y tu visión para poder ayudar a otros.

¡Gracias Señor! Hazme un instrumento de tu paz.
Te amo mi Señor
    mi Padre
    mi Consolador
    mi Guía
    mi Refugio
    mi Amigo

Las cosas pasadas se han cumplido, y ahora anuncio cosas nuevas; ¡las anuncio antes que sucedan!
Isaías 42:9 NVI

_____
_____
_____
_____
_____
_____
_____
_____
_____
_____
_____
_____
_____
_____
_____
_____
_____
_____
_____

Llena de ti

Tu amor por nosotros es tan grande que nos has equipado para salir adelante. Hay cosas que debemos hacer, caminos que debemos seguir y en tu presencia nos sentimos seguros para caminar al futuro llenos de esperanza.

Señor, te doy gracias por tu amor, gracias por todo lo que haces por nosotros cada día, por ti estamos aquí.

Señor, te agradecemos por tu visión, por tu sabiduría y por ese fuego de tu Espíritu Santo que nos llena.

El amor de Dios nos protege como un ave cuida de sus crías y las protege de los peligros del mundo. En Él estamos seguros, por eso juntos clamemos: ¡lléname de ti, Señor!

¡cuán precioso, oh Dios, es tu gran amor!
Todo ser humano halla refugio a la sombra de
tus alas.
Salmos 36:7 NVI

_____
_____
_____
_____
_____
_____
_____
_____
_____
_____
_____
_____
_____
_____
_____
_____
_____
_____
_____
_____

Hacia tu entendimiento

Abre mis ojos para discernir. Abre mis oídos para escucharte y saber qué quieres que haga. Abre mi mente para adquirir tu sabiduría y trabajar para ti en ese propósito que tienes para mi vida. Porque para esta hora he llegado Señor, soy vaso para calmar al necesitado y compartirle el agua de vida.

Gracias mi Dios, te amo Señor. No me sueltes de tu mano. Sigue abriendo el camino hacia tu propósito. Ebenezer.... Hasta aquí me ha traído el Señor.

¡Que tus ojos estén abiertos día y noche sobre este templo, el lugar donde decidiste habitar, para que oigas la oración que tu siervo te eleva aquí!
1 Reyes 8:29 RVR1960

_____
_____
_____
_____
_____
_____
_____
_____
_____
_____
_____
_____
_____
_____
_____
_____
_____
_____
_____
_____

Señor, permíteme seguir llevando tu Palabra y que llegue al necesitado.

Señor, hago un alto de la corrida del diario vivir para concentrarme en lo que es necesario, en lo que deseas de mí.

Debo tranquilizarme, detenerme y escuchar lo que me dices. Tú tiene planes para mi vida, solo debo confiar y seguir buscando tu voz.

Señor, ayúdame a escucharte cada día, dame de tu paz para poder escucharte. Tú me prometes que, aunque pases por el fuego, no me quemaré porque estarás conmigo en el camino. ¡Amén!

En medio de la tormenta, ¿en quién está puesta mi confianza?

Hijo mío, atiende a mis consejos; escucha atentamente lo que digo. No pierdas de vista mis palabras; guárdalas muy dentro de tu corazón.
Proverbios 4:20-21 NVI

_____
_____
_____
_____
_____
_____
_____
_____
_____
_____
_____
_____
_____
_____
_____
_____
_____
_____
_____
_____

Agradeciendo a Dios

Agradezco por un día más en tu presencia Señor. Porque la mujer que lee esto y yo tenemos fuerzas en ti, mi Dios, para buscar juntas tu presencia.

Agradezco porque junto a ti intercedemos cada día por nuestras familias y por todo el que necesita una palabra.

Agradezco porque tú nos das las fuerzas para seguir perseverando en tus caminos.

Agradezco por nuestros hijos, sobrinos y nietos para que tú los cubras con tu presencia.

Agradezco por la vida, la cual te entregamos cada día y tú guardas en perfecto orden nuestro corazón.

Agradezco por cada una de tus guerreras, te pido que la cubras y le sigas dando de tu Palabra que es vida.

Y todo lo que hagan, de palabra o de obra, háganlo en el nombre del Señor Jesús, dando gracias a Dios el Padre por medio de él.
Colosenses 3:17 NVI

_____
_____
_____
_____
_____
_____
_____
_____
_____
_____
_____
_____
_____
_____
_____
_____
_____
_____
_____
_____
_____
_____

Él cuida de ti

¿Por qué estoy perturbada, si Dios me da paz?

Señor, guía mis pasos llévame a donde tú quieres que vaya, que mis pensamientos sean guiados por ti.

Cuida mis decisiones, ayúdame a servirte siempre, a llevar tu Palabra para que toque al necesitado.

Señor, ayúdame a seguir tu camino Dios y lo que has puesto para mí. Nunca me has dejado, por eso mi confianza descansa en ti.

SEÑOR, hazme conocer tus caminos; muéstrame tus sendas. Encamíname en tu verdad, ¡enséñame! Tú eres mi Dios y Salvador; ¡en ti pongo mi esperanza todo el día!
Salmos 25:4-5 NVI

El poder de la mente es grande si le permites tomar control sobre tu vida. Dios te ha equipado con un gran poder, solo tienes que activarlo.

Prioridades- ¿Dónde pones mayor atención? Revisa tus prioridades, cuida tu salud. Si tu casa está bien, todo lo demás también lo estará. **Controla tus pensamientos-** tienes que aprender a controlar la mente. ¡Sí, se puede! No es solo querer hacerlo es accionar por ello. **Expansión / multiplicación** - mira más allá, piensa más allá, sueña en grande, visualízalo.

Señor, danos sabiduría para tomar decisiones sabias que nos acerquen a tu propósito.

¿Cuáles son tus prioridades? ¿A qué le dedicas el mayor tiempo de tu vida?

Reflexiona en lo que Dios ha hecho en tu vida para traerte a donde estás para que puedas ver lo sencillo de la vida y las cosas que dejamos pasar por vivir ajorados en el día a día. Precisamente por eso, debemos esforzarnos por añadir a nuestra fe, virtud; a la virtud, entendimiento; al entendimiento, dominio propio; al dominio propio, constancia; a la constancia, devoción a Dios
(Véase 2 Pedro 1:5-6 NVI)

_____
_____
_____
_____
_____
_____
_____
_____
_____
_____
_____
_____
_____
_____
_____
_____
_____
_____
_____
_____
_____

Ve por lo que es tuyo

Las decisiones que tomamos nos liberan o nos hacen esclavos.

Estoy en un punto de mi vida donde en perspectiva quise estar, Dios ha permitido que pasen cosas en mi vida para hacerme madurar, para cambiar el rumbo y poder avanzar.

La velocidad no da dirección, el tener mucho que hacer no es ser productivo. Puedes tener mucho y no hacer nada. Sal del foco y sé luz para otros. Dios tiene mucho para ti, pero permítele que obre. Dale espacio.

Cada uno de nosotras pasamos por diferentes circunstancias, las cuales en el momento no entendemos, no sabemos cómo las vamos a sobrepasar, pero son parte del plan de Dios. Debemos recapacitar en cada una de esas situaciones, no para mirar atrás con lamento diciendo: "te acuerdas que yo tenía" o "yo era." ¡No!, mirando atrás para decir: ¡Wao! Todo lo que ha pasado, momentos donde sentí caer y rendirme hasta morir Dios siempre estuvo ahí. Mira donde estás ahora y dale gracias a Dios.

Dios tiene un plan con cada uno de nosotros y en su momento ha de cumplirse, pero mientras esperas no te olvides de Él, da gracias en todo momento. Sí, me escuchaste bien, en todo momento. Porque si lo estás contando ahora es porque Dios no se ha olvidado de ti. Él cuida de ti y hoy te dice que tiene un plan contigo.

Hermanos, no pienso que yo mismo lo haya logrado ya. Más bien, una cosa hago: olvidando lo que queda atrás y esforzándome por alcanzar lo que está delante, sigo avanzando hacia la meta para ganar el premio que Dios ofrece mediante su llamamiento celestial en Cristo Jesús.
Filipenses 3:13-14 NVI

_____

_____

_____

_____

_____

_____

_____

_____

_____

_____

_____

_____

_____

_____

_____

_____

_____

_____

_____

_____

_____

_____

Permítele a Dios un espacio en tu vida, en tu corazón, en tu mente, habla con Él, recuerda que es tu amigo y tu Padre que te ama con amor eterno. Él siempre quiere lo mejor para ti y su plan para tu vida es mejor que el tuyo, porque siempre es perfecto. Ábrele hoy tu corazón, sigue adelante confiando que no importa lo que veas Dios está ahí para ti.

Recuerda - los planes de Dios pueden llevar tiempo. La temporada de espera no es temporada perdida, sus planes son para bien. No importa en la temporada en la que te encuentres su promesa en Jeremías 29:11 aún guarda su verdad, Dios tiene planes buenos para tu vida. Puede ser que ahora no lo veas así, pero sigue confiando en el Señor por tu futuro, por lo que vendrá. Sus planes son perfectos.

Pues yo sé los planes que tengo para ustedes— dice el Señor—. Son planes para lo bueno y no para lo malo, para darles un futuro y una esperanza. En esos días, cuando oren, los escucharé.
Jeremías 29:11-12 NTV

_____

_____

_____

_____

_____

_____

_____

_____

_____

_____

_____

_____

_____

_____

_____

_____

_____

_____

_____

Cambiando ambientes

Solo tenemos una vida, ¿por qué no vivirla de la mejor manera? Vivimos en una sociedad que va muy de prisa, con situaciones y circunstancias que a veces nos llevan a dejar pasar los momentos y las personas importantes como lo son la familia, un abrazo, un te quiero o el compartir con otros.

¿Sabes todo lo que puedes hacer con tan solo una llamada, un saludo, un cómo estás? Con tan solo ese detalle puedes cambiar el día de cualquier persona.

Vivimos en un mundo rápido, donde nos comunicamos más por texto que por voz, a veces no sabemos lo grande que es el poder de nuestra voz.

Así que, ¡détente!... Haz un alto en tu día o en tu semana y llama a esa persona, a ese familiar, a quien sabes que ha pasado por alguna situación difícil o que está solo.

Te recuerdo que el poder que está dentro de ti es increíble e invaluable, úsalo para cambiarle el día a otra persona.

Comparte con otros el amor de Dios en ti.

Ustedes son la sal de la tierra. Pero, si la sal se vuelve insípida, ¿cómo recobrará su sabor? Ya no sirve para nada, sino para que la gente la deseche y la pisotee.

Ustedes son la luz del mundo. Una ciudad en lo alto de una colina no puede esconderse. Ni se enciende una lámpara para cubrirla con un cajón. Por el contrario, se pone en la repisa para que alumbre a todos los que están en la casa.Hagan brillar su luz delante de todos, para que ellos puedan ver las buenas obras de ustedes y alaben al Padre que está en el cielo.

Mateo 5:13-16 NVI

_____
_____
_____
_____
_____
_____
_____
_____
_____
_____
_____
_____
_____
_____
_____
_____
_____
_____
_____
_____
_____
_____
_____

Deja de canalizar

Tenemos que dejar de vivir la vida en automático y ponerle un sentido, un por qué, un para qué, buscar el motor que nos mueve. Analizar dónde estamos y hacia dónde queremos llegar.

Enfócate en lo que quieres lograr. No permitas que la opinión de otros, ni su éxito defina tus metas o lo que puedes llegar a ser.

¿Qué te está robando las fuerzas? Pide al Señor que te ayude a hacer lo que debes hacer, a tener la libertad de crear, desarrollar destrezas y habilidades que te lleven a completar los deseos de tu corazón, conforme a su voluntad. Enfócate en crear relaciones, no en cosas materiales que solo se deterioran, construye preciosos recuerdos con aquellos que amas. Sigue adelante, ¡persevera!

Clama al Señor y dile: "No me sueltes de tu mano Dios, ayúdame a caminar contigo".

Hermanos, no pienso que yo mismo lo haya logrado ya. Más bien, una cosa hago: olvidando lo que queda atrás y esforzándome por alcanzar lo que está delante,[sig] avanzando hacia la meta para ganar el premio que Dios ofrece mediante su llamamiento celestial en Cristo Jesús.
Filipenses 3:13-14 NVI

Confía y camina

Dios te dice hoy:

Recuerda que tú no eres igual a los demás, tranquila… sigue el camino que he trazado, no te afanes en lo que podrás hacer o tener porque yo te cubro para que camines en fe hacia lo próximo en tu vida.

Apaga los ruidos que te dicen lo que tienes que hacer. Enfócate en ti, en tu familia, te he preparado para este tiempo… ¿cuál es el afán? Vuelvo y te repito, tú no eres igual a los demás, evalúate…haz tu trabajo, pero no permitas que el afán ni lo que dice el mundo que debes hacer te controle. Sigue adelante, tranquila y escucha mi voz.

No basta con solo saber lo que tenemos que hacer, sino hacerlo. Toma control de todo el conocimiento que tienes y ponlo en práctica, ¡esfuérzate! Deja de ser pasajera, deja de ser espectadora, entra en el juego, trabaja, Dios te ha dado todo lo que necesitas, ¡sal de las gradas!

Así que no temas, porque yo estoy contigo; no te angusties, porque yo soy tu Dios. Te fortaleceré y te ayudaré; te sostendré con mi diestra victoriosa.
Isaías 41:10 NVI

_____

_____

_____

_____

_____

_____

_____

_____

_____

_____

_____

_____

_____

_____

_____

_____

_____

_____

_____

Muchas veces tienes sueños, metas y deseos los cuales, no entiendes y tienes a cambiarles el rumbo. Pero si es la voluntad de Dios para ti, para tu vida, ya está puesto en sus planes y a su tiempo se dará, porque Él tiene el control.

Hasta aquí te ha traído Dios, a pesar de todas las cosas que has vivido, aquí ha estado Dios a tu lado y yo sé que Él tiene algo reservado para ti.

Para correr la carrera del Señor debes cuidar de tu Salud para que des la batalla y corras la carrera. Todo atleta experimentado sabe que parte vital para lograr un buen desempeño depende de sus hábitos alimenticios.

De igual modo, como atleta de Dios que eres necesitas alimentarte bien, cuidar qué cosas le das entrada en tu vida, debes poner atención a lo que ingieres, porque algunos alimentos, aunque parecen ser sanos pueden producir enfermedades e intoxicar tu cuerpo. ¿Cuánta cantidad de nutrientes aportas a tu espíritu por medio de lo que estás consumiendo? ¿En qué estás poniendo tu vista, a qué le estás prestando tu oído? Tus respuestas serán determinantes para considerar los cambios que debes hacer si seriamente deseas salir victoriosa en esta carrera.

Si quieres ser buena en lo que haces tienes que tener disciplina. El atleta necesita pasar tiempo

practicando su oficio y tú necesitas pasar tiempo en la presencia del Señor.
Que nada te detenga, en el nombre de Jesús.

¡Corre para ganar!

¿No sabéis que los que corren en el estadio, todos en verdad corren, pero (solo) uno obtiene el premio? Corred de tal modo que ganéis.
1 Corintios 9:24 RVR1960

_____
_____
_____
_____
_____
_____
_____
_____
_____
_____
_____
_____
_____
_____
_____
_____
_____
_____
_____

\

En la vida no hay que sacarle la lógica a todo, pensar demasiado las cosas y el qué dirán mata los propósitos porque detienen el fluir de las oportunidades que Dios presenta en tu vida. La opinión de otros no te define.

Organízate, define qué quieres hacer. Pide al Señor que te muestre el camino que debes seguir, que no sea tu propio entendimiento, sino que sea su voluntad.

Oración: Señor, gracias por usarme por ser instrumento tuyo, dame sabiduría para aprender más de ti, para ayudar al prójimo, para tomar las decisiones correctas. Ayúdame a callar, a decir solo lo necesario, palabras que edifiquen y ayuden a otros.

Señor, guíame hacia tu propósito en mi vida, pero mientras tanto permíteme hablar y ayudar a otros en salud y prosperidad. Pon en mí palabras que nutran y ayuden a otros a vivir una mejor calidad de vida. Guía mis pasos Señor.

No me escogieron ustedes a mí, sino que yo los escogí a ustedes y los comisioné para que vayan y den fruto, un fruto que perdure. Así el Padre les dará todo lo que le pidan en mi nombre.
Juan 15:16 RVR1960

No te desenfoques de la meta

Tomar las riendas de tu vida va más allá de tomar acción es reconocerte, conocer quién eres y tener el valor de llegar a lograr tus metas o lograr eso que sabes que tienes que hacer. Tener metas fijas que te muevan y te impulsen porque el lograrlo te traerá felicidad y si es en el ámbito laboral, te traerá los ingresos que necesitas.

¿Qué haces cuando llegan a tu vida los distractores? ¿Le das rienda suelta a hacer todo lo que piensas dejando a un lado tus metas? Los distractores pueden ser muchos dependiendo que tipo de personas eres: la familia, el cansancio, los niños, el celular, las tareas de la casa y hasta tú mismo. En la escala del 1-10, ¿dónde están tus metas o proyectos cuando permites que esos distractores dirijan tu día a día? Evalúa, reflexiona que tanta importancia tienen esas metas para que puedas llevarlas a cabo y organizarte para lograrlo. Los distractores te alejan de tu propósito, no puedes desconectarte de lo que no te aprovecha ¡conéctate con tu propósito! Obedece, para que puedas ver la gloria de Dios en tu vida.

Nunca se apartará de tu boca este libro de la ley, sino que de día y de noche meditarás en él, para que guardes y hagas conforme a todo lo que en él está escrito; porque entonces harás prosperar tu camino, y todo te saldrá bien.
Josué 1:8 RVR1960

_____

_____

_____

_____

_____

_____

_____

_____

_____

_____

_____

_____

_____

_____

_____

_____

_____

_____

_____

No se trata de pedirle al Señor y sentarte a esperar que como Aladino haga magia. Sino que pedid y se os dará, pero tú tienes que hacerlo funcionar. Dios solo abre el camino para que fluya, pero todo debe venir por la obra de tus manos para que la bendición llegue. Se llama trabajo y si trabajas por cuenta propia es más difícil. Dios quiere bendecir la obra de tus manos y multiplicarla, pero tú tienes que hacer tu parte.

Define cuál es ese trabajo que te gusta, qué te llena, donde fluyes como pez en el agua, el cual harías, aunque no te paguen. Enfócate en hacer lo que quieres hacer, da el ejemplo abre la puerta para glorificar al Señor, permite la multiplicación en tu vida dando a otros de lo que Dios te ha dado. Ponlo a Él primero.

En medio de la prueba, en el momento más difícil cuando piensas que vendrá la escasez, el Señor hará provisión. Él no te desampara, pero haz tu parte con los dones y talentos que ha puesto en ti. Confía sin mirar a los lados, Dios quiere darte grandes cosas, pero necesitas activarlas, abrir la puerta, sacar la canasta y estar lista para recibir.

Confía en el SEÑOR de todo corazón, y no en tu propia inteligencia. Reconócelo en todos tus caminos, y él allanará tus sendas.
Proverbios 3:5-6 NVI

_____
_____
_____
_____
_____
_____
_____
_____
_____
_____
_____
_____
_____
_____
_____
_____
_____
_____
_____
_____
_____
_____

Sé libre. ¿Estás repitiendo problemas por tus errores?

Párate en tu poder, clama al Señor toma acción y Él guiará tus pasos. No te detengas porque las personas perfectas llegarán, te ayudarán y te seguirán.

Resiste - persiste - insiste

Renuévate, sé libre. Comienza y da el paso. Toma buenas y mejores decisiones para que no repitas los errores del pasado. Disfruta de una nueva vida en Cristo Jesús.

Ya te lo he ordenado: ¡Sé fuerte y valiente! ¡No tengas miedo ni te desanimes! Porque el SEÑOR tu Dios te acompañará dondequiera que vayas».
Josué1:9 NVI

El día de la visión perfecta

¿Hacia dónde estás mirando? ¿A dónde fijas tu mirada? Tu visión y pensamientos van de la mano y ambas se entrelazan con el corazón.

¿Cómo cuidas tu corazón?
¿Con qué llenas tu corazón?

- Noticias
- Problemas
- Conflictos
- Preocupación
- Deudas
- Depresión
- Coraje

¿O lo llenas con…?

- Cosas positivas
- Buena lectura
- Amor/Afecto
- Comprensión
- Sonrisas

Sino lo sabías las sonrisas y los abrazos llenan el corazón y también el alma de felicidad y de gozo. Tu corazón late más rápido al sentir amor, así que hoy mi llamado es a crear conciencia para que se abra en tu vida la visión perfecta.

Puedes reenfocarte a cuidar más de ti, de los tuyos y sin importar lo que pase a tu alrededor mantenerte positivo. Busca de la fuente que sacia tus necesidades, tu dolor, tus dudas, buscar del Señor todos los días para que Él te guíe y proteja tu visión, tus pensamientos, sane tu dolor, te libre de mal y te dé la paz que sobrepasa todo entendimiento. De esta manera podrás pensar mejor, ver mejor y ayudar a aquellos que necesitan de ti. Desarrolla esa visión perfecta, dándole una oportunidad a Dios para que obre en tu vida, para que Él también, como tu Padre amado, se goce de verte bien porque contaste con su bendición.

Fíate de Jehová de todo tu corazón,
Y no te apoyes en tu propia prudencia.
Reconócelo en todos tus caminos,
Y él enderezará tus veredas.
Proverbios 3:5-6 RVR1960

No te detengas

Estamos viviendo en un tiempo difícil de entender, donde las situaciones, acciones y decisiones del ser humano no parecen tener coherencia; te guardas y te cubres para proteger tu vida o te damos libertinaje y haces lo que tú quieres hacer porque eres lo suficientemente inteligente para conocer la situación actual y lo que debes hacer.

Entonces, ¿cuál es el plan? ¿Qué te limita o que te detiene a realizar tus sueños o lo que Dios ha puesto en ti? Confía en el Señor más que en tus propias fuerzas. Su palabra es fiel y su tiempo es perfecto

Analiza lo que tienes y qué vas a cambiar, cancelar o hacer nuevo. Analiza tus finanzas, qué movimiento tienes que hacer para que por fin puedas generar ingresos, porque todo funciona si trabajas. Traza metas - organízate - muévete, toma acción trabaja contigo primero.

"No le he dicho que si crees verás la gloria de Dios", ve por ella. Ajusta tus planes, camina en fe, que se haga su voluntad en ti. Haz un recuento de lo que Dios ha puesto en ti. Prepárate para resplandecer como nunca, el tiempo de restitución (devolución de una cosa a quien lo tenía antes) ha llegado para aquellos que a pesar de todo se han mantenido, incluso cuando han pasado momentos de silencio y continúan guardado las promesas de Dios.

A su tiempo segaremos sino desmayamos, nuevas puertas se abrirán, prepárate para los cambios de Dios para que tu propósito se haga en ti. Cuando llegue el tiempo de la prueba continúa creyendo en lo que Dios tiene para tu vida.

¿No te dije que si crees verás la gloria de Dios? —le contestó Jesús. Entonces quitaron la piedra. Jesús, alzando la vista, dijo: —Padre, te doy gracias porque me has escuchado. Ya sabía yo que siempre me escuchas, pero lo dije por la gente que está aquí presente, para que crean que tú me enviaste.
Juan 11:40-42 NVI

La rueda no hay que re inventarla, lo que tienes es que tomar lo que ya tienes y arreglarlo para que te sirva.

Dentro de ti está la respuesta de todo, tú tienes la llave para lograr todo lo que deseas hacer. Toma acción, arriésgate no tienes nada que perder. ¿Dónde está puesta tu confianza?

Tienes que tomar acción ya, primero contigo, segundo en tu hogar, luego en todo lo demás. Si las dudas vienen y tus fuerzas no te dan, el Señor te ha dado una herramienta mejor que cualquier coach o "influencer". La Biblia es palabra viva y eficaz y en su palabra Él te dice en Jeremías 33:3 *"Clama a mí y yo te responderé y te enseñaré cosas grandes y ocultas que tú no conoces". RVR1960*

Ante la duda, la desesperación, el dolor. Clama a Él, tu Padre que te ama.

Oración:
Señor, sé que tienes tanto para mí. Dios, deseo desatar mi bendición sin miedo, sin buscar fama, sino para llevar tu mensaje. Quiero fluir en ti, Señor. Permite que tu Espíritu Santo me guíe, me lleve a hablar para dar fuerza, esperanza, pero sobretodo a tomar acción.

_____

_____

_____

_____

_____

_____

_____

_____

_____

_____

_____

_____

_____

_____

_____

_____

_____

_____

_____

_____

Sin importar las opiniones de los demás trabaja por lo que Dios ha puesto en tus manos primero.

Debes hacer lo que Dios ha puesto en tus manos y hacerlo bien, como para el Señor. Analiza cuáles son tus prioridades, el tiempo que tienes para hacerlo, toma acción diaria.

La palabra sin acción es muerta, como dice en Santiago 2: 14-17: *la fe sin obras es muerta.* Porque de querer todos queremos, pero qué hacemos para tener lo que queremos.

¿Qué estás haciendo con los dones que Dios te ha dado?
Busca la luz, sal hacia adelante, lucha por lo que quieres y trabaja en lo que Dios ha puesto en tus manos. Lo que Dios ha puesto en tus manos no es negociable, enfócate, dedícale tiempo, date la oportunidad de llevar el mensaje.

Dichoso el que tiene en ti su fortaleza, que solo piensa en recorrer tus sendas.
Salmos 84:5 NVI

_____
_____
_____
_____
_____
_____
_____
_____
_____
_____
_____
_____
_____
_____
_____
_____
_____
_____
_____
_____

El temor paraliza, pero muchas veces no es temor... son nuestras propias decisiones, esa conversación que tenemos con nosotros mismos, lo que nos decimos en la mañana, lo que nos decimos en el momento de prueba.

¿Tomas decisiones por impulso o analizas tu movida para evitar resultados adversos?

Por ejemplo, imagina que te quedas sin empleo y siempre tuviste el deseo de desarrollar o hacer algo por tu cuenta. ¿Qué debes hacer? Pensar, analizar, desarrollar y ejecutar. Toma acción, moviéndote hacia adelante. No pierdes nada con intentar algo nuevo. Piensa y ora, el Señor te dice: "Clama a mí" porque Él es tu guía y tu fortaleza. Nunca dudes de que Él te guiará y te mostrará el camino correcto que debes tomar, si no te desesperas.

Recuerda que Él es tu padre y como tu Padre te ama y desea lo mejor para ti. Así que prosigue con esa meta o sueño que tienes. Lánzate, preséntate ante Señor para que bendiga y te dé entendimiento en tu camino.

Pon todo lo que hagas en las manos del Señor y tus planes tendrán éxito.
Proverbios 16:3 NTV

Podemos hacer nuestros propios planes, pero la respuesta correcta viene del Señor.
Proverbios 16:1 NTV

Dios te guiará, te dará fortaleza y abrirá tu entendimiento para que puedas seguir adelante. En el nombre de Jesús. ¡Amén!

_____

_____

_____

_____

_____

_____

_____

_____

_____

_____

_____

_____

_____

_____

_____

_____

_____

_____

_____

_____

Escucha

Abre tu boca, tu diestra me ha traído hasta aquí. Habla a mi corazón Señor, en medio de la tribulación no puedo escucharte, me detengo a diario porque anhelo escucharte, que me guíes y me des la paz que necesito para entenderte, habla a mi corazón.

La fe sin acción es muerta como dice Santiago 1:22 NTV *"no solo escuchen la palabra de Dios tienen que ponerla en práctica de lo contrario solamente se engañan ellos mismos"*.

Quiero compartir con otros una palabra de aliento, una oración o tan solo una buena conversación, muchas veces hay personas que solo necesitan hablar, compartir con alguien o desahogarse, ya sea del diario vivir o por alguna situación particular.

Seamos atalayas de su Palabra, cada uno de nosotros hemos sido llamados a compartir lo que sabemos acerca de Él, de su amor, de su grandeza. Pero, ¿cómo lo podemos hacer sino sabemos Palabra? Sencillo, siendo empáticos con otros, ayudando al prójimo, dando de lo que tienes en beneficio del que necesita, orando unos por los otros. Dios, el dador de vida que te mira de lo alto sabrá recompensarte.

Cada día todo es nuevo, te esperanza, ten fe y acciona.

_____

_____

_____

_____

_____

_____

_____

_____

_____

_____

_____

_____

_____

_____

_____

_____

_____

_____

_____

_____

Sueña en cómo ser una mujer que honre al Señor, que le sirva de todo corazón. ¿Lo harás?

Ok, vamos por pasos...
Vamos a empezar por describir esa mujer que deseas ser, tanto en tu vida diaria, como en tu vida espiritual.

¿Cómo te ves de aquí a un año?

_____

_____

_____

_____

Ten en mente que en un año puedes atacar puntos débiles de tu vida cristiana y vencer con el favor de Dios. Por ejemplo, puedes comenzar alguna preparación teológica, algún estudio bíblico, puedes servir de mentora de jóvenes, terminar ese curso que necesitas para poder comenzar a emprender un negocio, etc.

¿Sabes que sería también de edificación? memorizarte un versículo diario durante ese año.

Te exhorto a que te atrevas a soñar en grande, a que dejes el temor al compromiso o al fracaso y que confíes en el Señor de que llegarás a ser la persona que Él quiere que seas.

Cobra valor, sé fuerte y valiente, no desmayes, ama el proceso hacia tu propósito.

No dejes de soñar.

Eclesiastés 9:10 RVR1960: *"Todo lo que viniere a la mano para hacer, hazlo según tus fuerzas, porque en el sepulcro adonde tu vas, no hay obra, ni industria, ni sabiduría"*.

—

_____

_____

_____

_____

_____

_____

_____

_____

_____

_____

_____

_____

_____

_____

_____

_____

_____

_____

_____

_____

Made in the USA
Columbia, SC
05 February 2024

31546918R00043